BlackRock

A Breve História e as Controvérsias da Maior Empresa de Gestão de Ativos do Mundo e seus Fundadores; Larry Fink, Robert S. Kapito & Susan Lynne Wagner

Isenção de responsabilidade

Copyright 2023 - *Todos os direitos reservados*

Este documento visa fornecer informações exatas e confiáveis em relação ao tema e à questão abordada. A publicação é vendida com a idéia de que a editora não é obrigada a prestar serviços de contabilidade, oficialmente permitidos ou de outra forma qualificados. Se for necessário aconselhamento, legal ou profissional, um indivíduo praticante da profissão deve ser ordenado - a partir de uma Declaração de Princípios que foi aceita e aprovada igualmente por um Comitê da Ordem dos Advogados Americana e um Comitê de Editores e Associações.

De forma alguma é legal reproduzir, duplicar ou transmitir qualquer parte deste documento em meios eletrônicos ou em formato impresso. A gravação desta publicação é estritamente proibida e qualquer armazenamento deste documento não é permitido, a menos que com permissão por escrito da editora. Todos os direitos reservados.

A apresentação das informações é sem contrato ou qualquer tipo de garantia. As marcas que são utilizadas são sem qualquer consentimento, e a publicação da marca é sem permissão ou respaldo do proprietário da marca. Todas as marcas registradas e marcas dentro deste livro são apenas para fins de esclarecimento e são de propriedade dos próprios proprietários, não afiliados a este documento. Não encorajamos qualquer abuso de substâncias e não podemos ser considerados responsáveis por qualquer participação em atividades ilegais.

1

Introdução

A BlackRock, Inc. é uma empresa americana de investimentos multinacionais sediada em Nova York. Fundada em 1988, inicialmente como gerente de ativos institucionais de renda fixa e gestão de risco, a BlackRock é a maior gerente de ativos do mundo, com US$10 trilhões em ativos sob gestão em janeiro de 2022. A BlackRock opera globalmente com 70 escritórios em 30 países, e clientes em 100 países. Junto com a Vanguard e State Street, a BlackRock é considerada uma das três grandes gestoras de fundos de índice que dominam os Estados Unidos.

A BlackRock tem procurado se posicionar como líder da indústria em governança ambiental, social e corporativa (ESG). A empresa tem enfrentado críticas pelo agravamento da mudança climática, seus estreitos laços com o Sistema da Reserva Federal durante a pandemia da COVID-19, comportamento anticompetitivo, e seus investimentos sem precedentes na China.

Tabela de conteúdo

Isenção de responsabilidade   **1**

Introdução   **2**

Tabela de conteúdo   **3**

História de Blackrock   **5**

Propriedade e transparência do Blackrock   **14**

Finanças de Blackrock   **16**

Investimentos ambientais, sociais e de governança corporativa   **20**

Aquecimento global   *23*

Blackrock's Investimentos   **27**

Investimentos na China   *27*

Investimentos na Índia   *28*

Percepção pública de Blackrock   *28*

Larry Fink   **32**

Vida e educação precoces   32

1970 a 2000   33

2000s   34

Participação da comunidade   36

Robert S. Kapito   **42**

Vida e educação precoces   42

A carreira de Kapito   42

Susan Lynne Wagner   **46**

Vida e educação precoces   46

A carreira de Wagner   46

História de Blackrock

1988–1999

A BlackRock foi fundada em 1988 por Larry Fink, Robert S. Kapito, Susan Wagner, Barbara Novick, Ben Golub, Hugh Frater, Ralph Schlosstein e Keith Anderson para fornecer aos clientes institucionais serviços de gestão de ativos sob a perspectiva da gestão de riscos. Fink, Kapito, Golub e Novick haviam trabalhado juntos na First Boston, onde Fink e sua equipe foram pioneiros no mercado de títulos apoiados por hipotecas nos Estados Unidos. Durante o mandato de Fink, ele havia perdido US$ 90 milhões como chefe da First Boston. Essa experiência foi a motivação para desenvolver o que ele e os outros consideravam ser uma excelente gestão de risco e práticas fiduciárias. Inicialmente, Fink procurou financiamento (para capital operacional inicial) de Pete Peterson do The Blackstone Group que acreditava na visão de Fink de uma empresa dedicada ao gerenciamento de risco. Peterson a chamou de Blackstone Financial Management. Em troca de uma participação de 50% no negócio de títulos, inicialmente a Blackstone deu à Fink e sua equipe uma linha de crédito de US$ 5 milhões. Em poucos meses, o negócio tornou-se lucrativo e em 1989 os ativos do grupo haviam quadruplicado para US$ 2,7 bilhões. A porcentagem da participação de propriedade da Blackstone também caiu para 40%, em comparação com o pessoal da Fink.

Em 1992, Blackstone tinha uma participação equivalente a cerca de 35% da empresa, e Stephen A. Schwarzman e Fink estavam considerando vender ações para o público. A empresa adotou o nome BlackRock, e estava administrando 17 bilhões de dólares em ativos até o final do ano. No final de 1994, a BlackRock estava administrando 53 bilhões de dólares. Em 1994, Schwarzman e Fink tiveram uma disputa interna sobre os métodos de compensação e equidade. O Fink queria compartilhar o patrimônio com novas contratações, para atrair talentos dos bancos, ao contrário da Schwarzman, que não queria baixar ainda mais a participação da Blackstone. Eles concordaram em dividir o capital e Schwarzman vendeu a BlackRock, uma decisão que mais tarde ele chamou de "erro heróico". Em junho de 1994, Blackstone vendeu uma unidade de garantias hipotecárias com US$ 23 bilhões em ativos ao PNC Bank Corp. por US$ 240 milhões. A unidade havia negociado hipotecas e outros ativos de renda fixa, e durante o processo de venda a unidade mudou seu nome de Blackstone Financial Management para BlackRock Financial Management. Schwarzman permaneceu com a Blackstone, enquanto Fink passou a ser presidente e CEO da BlackRock Inc.

Blackrock 1999-2009

A BlackRock abriu seu capital em 1999 a $14 por ação na Bolsa de Valores de Nova York. No final de 1999, a BlackRock estava administrando US$ 165 bilhões em ativos. A BlackRock cresceu tanto organicamente quanto por aquisição. Em agosto de 2004, a BlackRock fez sua primeira grande aquisição, comprando a holding State Street Research & Management SSRM Holdings, Inc. da MetLife por $325 milhões em dinheiro e $50 milhões em ações. A aquisição elevou os ativos sob gestão da BlackRock de $314 bilhões para $325 bilhões de dólares. O negócio incluiu o fundo mútuo de negócios State Street Research & Management em 2005. A BlackRock se fundiu com a Merrill Lynch Investment Managers (MLIM) em 2006, reduzindo pela metade a propriedade da PNC e dando à Merrill Lynch uma participação de 49,5% na empresa. Em outubro de 2007, a BlackRock adquiriu o negócio de fundo de fundos da Quellos Capital Management.

O governo dos Estados Unidos contratou a BlackRock para ajudar a resolver as conseqüências do colapso financeiro de 2008. De acordo com a *Vanity Fair*, o estabelecimento financeiro em Washington e em Wall Street acreditava que a BlackRock era a melhor escolha para o trabalho. O Federal Reserve permitiu que a BlackRock superintendesse o acordo de dívida de US$ 130 bilhões da Bear Stearns e do American International Group.

Em 2009, a BlackRock tornou-se a primeira gestora de ativos número 1 no mundo. Em abril de 2009, a BlackRock adquiriu a R3 Capital Management, LLC e assumiu o controle do fundo de US$1,5 bilhão. Em 12 de junho de 2009, o Barclays vendeu sua unidade Global Investors (BGI), que incluía seu negócio de fundos de intercâmbio, iShares, à BlackRock por US$13,5 bilhões. Através do negócio, o Barclays atingiu uma participação de quase 20% na BlackRock.

Blackrock 2010-2019

8

Em 2010, Ralph Schlosstein, o CEO da Evercore Partners
e fundador da BlackRock, chamou a BlackRock de "a
instituição financeira mais influente do mundo". Em 1º de
abril de 2011, devido à aquisição da Genzyme pela Sanofi,
a BlackRock a substituiu no índice S&P 500.

Em 2013, a *Fortune* listou a BlackRock em sua lista anual
das 50 Empresas Mais Admiradas do mundo. Em 2014,
The Economist disse que os 4 trilhões de dólares sob
gestão da BlackRock a tornaram a "maior gestora de
ativos do mundo", e era maior do que o maior banco do
mundo, o Banco Industrial e Comercial da China, com 3
trilhões de dólares. Em maio do mesmo ano, a BlackRock
investiu no Snapdeal.

Em dezembro de 2014, um diretor administrativo da
BlackRock em Londres foi banido pela Autoridade
Britânica de Conduta Financeira por falhar no teste de
"aptidão e idoneidade", pois pagou £43.000 para evitar ser
processado por fugir das tarifas dos trens. Em resposta ao
incidente, a BlackRock disse: "Jonathan Burrows deixou a
BlackRock no início deste ano. O que ele admitiu à FCA é
totalmente contrário aos nossos valores e princípios".

9

No final de 2014, o Sovereign Wealth Fund Institute informou que 65% dos ativos do Blackrock sob gestão eram constituídos por investidores institucionais.

Em 30 de junho de 2015, a BlackRock tinha US$ 4,721 trilhões de ativos sob gestão. Em 26 de agosto de 2015, a BlackRock celebrou um acordo definitivo para adquirir a FutureAdvisor, um provedor de gerenciamento de riqueza digital com ativos sob gestão no valor de US$600 milhões. Sob este acordo, a FutureAdvisor operaria como um negócio dentro da BlackRock Solutions (BRS). A BlackRock anunciou, em novembro de 2015, que eles iriam dissolver o fundo de hedge da BlackRock Global Ascent após perdas. O fundo Global Ascent tinha sido seu único fundo macro global dedicado, já que a BlackRock era "mais conhecida por seus fundos mútuos e fundos de câmbio negociados". Na época, a BlackRock administrava US$ 51 bilhões em fundos de hedge, dos quais US$ 20 bilhões em fundos de hedge funds.

Em março de 2017, o *Financial Times* anunciou que a BlackRock, após uma revisão de seis meses liderada por Mark Wiseman, havia iniciado uma reestruturação de seus negócios de fundos ativamente administrados por US$8 bilhões, resultando na saída de sete gerentes de carteira e uma cobrança de US$25 milhões no segundo trimestre, substituindo certos fundos por estratégias de investimento quantitativas. Em maio de 2017, a BlackRock aumentou sua participação tanto na CRH plc como no Bank of Ireland. Em abril de 2017, o negócio iShares representava US$ 1,41tn, ou 26% do total de ativos sob gestão da BlackRock, e 37% da receita da taxa base da BlackRock. Em abril de 2017, a BlackRock apoiou a inclusão das ações da China continental no índice global do MSCI pela primeira vez.

Entre outubro e dezembro de 2018, os ativos da BlackRock caíram em US$468 bilhões e ficaram abaixo de US$6tn. Foi a maior queda entre os trimestres desde setembro de 2011.

A partir de 2019, a BlackRock passou a deter 4,81% do Deutsche Bank, o que a torna o maior acionista. Este investimento remonta, pelo menos, a 2016.

Em maio de 2019, a BlackRock recebeu críticas pelo impacto ambiental de suas propriedades. Ela está entre os três maiores acionistas em cada "supermaior" de petróleo,

11

exceto a Total, e está entre os 10 maiores acionistas em 7 dos 10 maiores produtores de carvão.

Blackrock desde 2020

Em sua carta aberta anual de 2020, Fink anunciou a sustentabilidade ambiental como um objetivo central para as futuras decisões de investimento da BlackRock. A BlackRock divulgou planos para vender US$ 500 milhões em investimentos em carvão.

Em março de 2020, o Federal Reserve escolheu a BlackRock para administrar dois programas de compra de títulos corporativos em resposta à pandemia do coronavírus, o Primary Market Corporate Credit Facility (PMCCF) de US$ 500 bilhões e o Secondary Market Corporate Credit Facility (SMCCF), bem como a compra pelo Sistema do Federal Reserve de títulos comerciais garantidos por hipotecas (CMBS) garantidos pela Government National Mortgage Association, Federal National Mortgage Association, ou Federal Home Loan Mortgage Corporation.

Em agosto de 2020, a BlackRock recebeu a aprovação da Comissão Reguladora de Valores Mobiliários da China para estabelecer um negócio de fundos mútuos no país. Isto fez da BlackRock a primeira gestora global de ativos a obter o consentimento do governo chinês para iniciar operações no país.

Em janeiro de 2020, a PNC vendeu sua participação na BlackRock.

A partir de 2021, a BlackRock possui 7,50% da HSBC Holdings plc, tornando-se a segunda maior acionista após a Ping An Insurance.

Em 28 de dezembro de 2022, foi anunciado que BlackRock e Volodymyr Zelensky tinham estado em contato por vários meses e que BlackRock iria desempenhar um papel principal na reconstrução da Ucrânia. O acordo foi criticado, com a BlackRock sendo acusada de "ganhar dinheiro" com a destruição ucraniana.

Propriedade e transparência do Blackrock

A BlackRock investe os fundos de seus clientes (por exemplo, os proprietários das unidades iShares ETF) em inúmeras empresas de capital aberto, algumas das quais competem entre si. Devido ao tamanho dos fundos da BlackRock, a empresa freqüentemente aparece entre os principais acionistas dessas empresas, como as empresas de tecnologia Apple (a BlackRock está listada como proprietária de 6,34%) e Microsoft (6,77%), e as empresas de serviços financeiros Wells Fargo (4,30%) e JPMorgan Chase (4,41%). A BlackRock afirma que estas ações são, em última instância, de propriedade dos clientes da empresa, não da própria BlackRock - uma visão compartilhada por vários acadêmicos independentes - mas reconhece que pode exercer os votos dos acionistas em nome destes clientes, em muitos casos sem a contribuição dos clientes.

Esta concentração de propriedade, no entanto, levantou preocupações sobre possíveis comportamentos anticompetitivos. Um estudo de 2014 intitulado "Efeitos Anticompetitivos da Propriedade Comum" analisou os efeitos deste tipo de propriedade comum sobre os preços das passagens aéreas. O estudo concluiu que "Os preços sobem e a quantidade desce quando as companhias aéreas que competem em uma determinada rota são mais comumente de propriedade do mesmo conjunto de investidores". Os autores observam que este aumento de preços não implica necessariamente um conluio consciente entre os proprietários comuns, mas pode talvez ser que estas empresas sejam agora "preguiçosas demais para competir" com elas mesmas.

A BlackRock é acionista de muitos investidores institucionais que possuem ações da BlackRock. Esta cadeia de propriedade é semelhante às estruturas circulares de propriedade que foram identificadas no Reino Unido.

Finanças de Blackrock

A partir de 2021, a BlackRock se classificou em 192 na lista *Fortune* 500 das maiores corporações dos Estados Unidos por receita.

Em 2020, o Projeto de Liberdade Econômica Americana sem fins lucrativos emitiu um relatório destacando o fato de que "as 'Três Grandes' empresas de gestão de ativos - BlackRock, Vanguard e State Street - administram mais de US$ 15 trilhões em ativos globais combinados sob gestão, um montante equivalente a mais de três quartos do produto interno bruto dos EUA". O relatório exigia reformas estruturais e uma melhor regulamentação dos mercados financeiros. Em 2021, a BlackRock administrou mais de US$10 trilhões em ativos sob gestão, cerca de 40% do PIB dos Estados Unidos (nominal de US$25,347 trilhões em 2022).

Soluções BlackRock

Em 2000, a BlackRock lançou a BlackRock Solutions, a divisão de análise e gerenciamento de risco da BlackRock, Inc. A divisão cresceu a partir do Aladdin System (que é o sistema de investimento empresarial), Green Package
16

(que é o Risk Reporting Service) PAG (análise de portfólio) e AnSer (que é a análise interativa). A BlackRock Solutions (BRS) tem duas funções dentro da BlackRock. Primeiro, a BlackRock Solutions é o departamento interno de análise de investimentos e "engenharia de processos" da BlackRock que trabalha com suas equipes de gerenciamento de portfólio, análise de risco e quantitativa, operações comerciais e todas as outras partes da empresa que tocam o processo de investimento. Em segundo lugar, a BlackRock Solutions (BRS) e as três divisões principais são serviços que são oferecidos a clientes institucionais. A partir de 2013, a plataforma contava com quase 2.000 funcionários.

A BlackRock se diferencia de outros gestores de ativos alegando que sua gestão de risco não é separada. O gerenciamento de risco é a base e a pedra angular de toda a plataforma da empresa. A Aladdin mantém o controle de 30.000 carteiras de investimentos, incluindo as próprias da BlackRock juntamente com as da concorrência, bancos, fundos de pensão e seguradoras. De acordo com a *The Economist*, em dezembro de 2013, a plataforma monitora quase 7% dos $225 trilhões de ativos financeiros do mundo.

17

A BlackRock Solutions foi contratada pelo Departamento do Tesouro dos Estados Unidos em maio de 2009 para administrar (ou seja, analisar, desanuviar e fixar o preço) os ativos hipotecários tóxicos que eram propriedade da Bear Stearns, AIG, Inc., Freddie Mac, Morgan Stanley e outras empresas financeiras que foram afetadas na crise financeira de 2008.

BlackRock

Investimentos ambientais, sociais e de governança corporativa

Em 2017, a BlackRock expandiu sua presença em investimentos sustentáveis e governança ambiental, social e corporativa (ESG) com novos funcionários e produtos tanto nos EUA quanto na Europa, com o objetivo de liderar a evolução do setor financeiro neste sentido.

A BlackRock começou a usar seu peso para chamar a atenção para questões ambientais e de diversidade por meio de cartas oficiais aos CEOs e votos dos acionistas juntamente com investidores ativistas ou redes de investidores como o Projeto de Divulgação de Carbono, que em 2017 apoiou uma resolução accionista bem sucedida para que a ExxonMobil agisse sobre a mudança climática. Em 2018, pediu às empresas Russell 1000 que melhorassem a diversidade de gênero em seu conselho de administração, caso tivessem menos de duas mulheres no conselho.

Após discussões com fabricantes e distribuidores de armas de fogo, em 5 de abril de 2018, a BlackRock introduziu dois novos fundos negociados em bolsa (ETFs) que excluem estoques de fabricantes e grandes varejistas de armas de fogo, Walmart, Dick's Sporting Goods, Kroger, Sturm Ruger, American Outdoor Brands Corporation e Vista Outdoor, e retirando os estoques de seus sete fundos ESG existentes "para proporcionar mais opções aos clientes que procuram excluir as empresas de armas de fogo de suas carteiras".

Em agosto de 2021, um ex-executivo da BlackRock que havia sido o primeiro diretor global de investimentos da empresa para investimentos sustentáveis, disse que achava que o investimento da ESG da empresa era um "placebo perigoso que prejudica o interesse público". O ex-executivo disse que as instituições financeiras estão motivadas a se engajar no investimento da ESG porque os produtos da ESG têm taxas mais altas, o que, por sua vez, aumenta os lucros da empresa.

Em outubro de 2021, o conselho editorial do *Wall Street Journal* escreveu que a BlackRock estava pressionando a Comissão de Valores Mobiliários dos EUA a adotar regras que exigiam que as empresas privadas divulgassem publicamente seu impacto climático, a diversidade de seus conselhos de administração e outras métricas. O conselho editorial opinou que "os mandatos da ESG, que também acarretam litígios substanciais e riscos reputacionais, farão com que muitas empresas se afastem dos mercados públicos. Isto prejudicaria as bolsas de valores e os administradores de ativos, mas acima de tudo os investidores de varejo".

Em janeiro de 2022, o fundador e CEO da BlackRock, Larry Fink, defendeu o foco da empresa no investimento da E.S.G., empurrando para trás "contra acusações de que o gerente de ativos estava usando seu peso e influência para apoiar uma agenda politicamente correta ou progressiva". Fink disse que a prática da E.S.G. "foi despertada". De acordo com o *The New York Times*, a ênfase da BlackRock na E.S.G. tem atraído críticas como "curvar-se aos interesses anti-negócios" ou ser "meramente marketing". De acordo com a CNBC, alguns grupos conservadores e legisladores acusaram a BlackRock de "postura acordada" para esconder a canalização de dinheiro da empresa para as empresas chinesas. Enquanto isso, ativistas e grupos ambientalistas atacaram a empresa por não ter conseguido desinvestir de empresas de combustíveis fósseis e outros grandes contribuintes para a mudança climática.

22

Aquecimento global

Em dezembro de 2018, a BlackRock era o maior investidor mundial em usinas de carvão, detendo ações no valor de US$ 11 bilhões entre 56 usinas de carvão. e a BlackRock possuía mais reservas de petróleo, gás e carvão térmico do que qualquer outro investidor com reservas totais de 9,5 gigatoneladas de emissões de CO_2 ou 30% do total de emissões relacionadas à energia a partir de 2017. Grupos ambientais incluindo o Sierra Club e a Amazon Watch lançaram uma campanha em setembro de 2018 chamada "O Grande Problema da BlackRock", alegando que a BlackRock é o "maior motor da destruição climática do planeta", em parte devido a sua recusa em se desfazer de empresas de combustíveis fósseis. Em 10 de janeiro de 2020, um grupo de ativistas climáticos se precipitou dentro dos escritórios parisienses da BlackRock France, pintando paredes e pisos com avisos e acusações sobre a responsabilidade da empresa na atual crise climática e social.

Em 14 de janeiro de 2020, o CEO da BlackRock Larry Fink disse que a sustentabilidade ambiental seria um objetivo-chave para as decisões de investimento. A BlackRock

23

anunciou que venderia ativos relacionados ao carvão no valor de US$ 500 milhões e criaria fundos que evitariam estoques de combustíveis fósseis, dois movimentos que mudariam drasticamente a política de investimentos da empresa. O ambientalista Bill McKibben chamou isto de "uma vitória enorme, se de forma alguma final, para os ativistas". No entanto, o apoio da BlackRock às resoluções dos acionistas solicitando a divulgação de riscos climáticos caiu de 25% em 2019 para 14% em 2020, de acordo com a Morningstar Proxy Data.

Regras bancárias da UE

O Ombudsman europeu abriu um inquérito em maio de 2020 para inspecionar o arquivo da comissão sobre a decisão da Comissão Européia de adjudicar um contrato à BlackRock Investment Management para realizar um estudo sobre a integração dos riscos e objetivos ambientais, sociais e de governança nas regras bancárias da UE ("a estrutura prudencial"). Os membros do Parlamento Europeu questionaram a imparcialidade do maior gestor de ativos do mundo, tendo em vista seus investimentos já realizados no setor.

Virgínia Ocidental

Riley Moore, o Tesoureiro do Estado da Virgínia Ocidental, disse em junho de 2022 que a BlackRock e outras cinco instituições financeiras não teriam mais permissão para fazer negócios com o Estado da Virgínia Ocidental, por causa de sua defesa contra a indústria de combustíveis fósseis. Moore disse: "Numa época em que a demanda de energia está disparando e os consumidores estão suportando o peso da alta inflação geracional, não faz absolutamente nenhum sentido para as instituições financeiras cortar capital e financiamento para estas indústrias legais e lucrativas simplesmente porque elas não se alinham com suas agendas sociais e políticas radicais".

Flórida

Em dezembro de 2022, Jimmy Patronis, diretor financeiro da Flórida, anunciou que o governo da Flórida estaria desinvestindo US$2 bilhões em investimentos sob gestão da BlackRock, devido à iniciativa da empresa de fortalecer os padrões e políticas da ESG. A BlackRock respondeu mais tarde ao anúncio com uma declaração afirmando que

o desinvestimento colocaria a política acima do interesse
dos investidores.

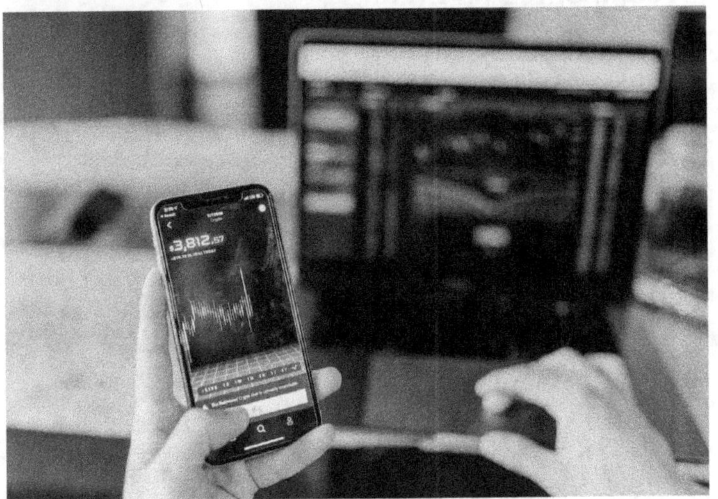

Investimentos na China

Em agosto de 2021, a BlackRock criou seu primeiro fundo mútuo na China depois de levantar mais de um bilhão de dólares de 111.000 investidores chineses. A BlackRock tornou-se a primeira empresa de propriedade estrangeira autorizada pelo governo chinês a operar um negócio de propriedade total na indústria de fundos mútuos da China. Escrevendo no *The Wall Street Journal*, George Soros descreveu a iniciativa da BlackRock na China como um "erro trágico" que "prejudicaria os interesses de segurança nacional dos Estados Unidos e de outras democracias".

Em outubro de 2021, o grupo sem fins lucrativos Consumers' Research lançou uma campanha publicitária criticando a relação da BlackRock com o governo chinês.

Em dezembro de 2021, foi relatado que a BlackRock era investidora em duas empresas que haviam sido incluídas na lista negra do governo dos EUA por abusos dos direitos humanos contra os Uyghurs em Xinjiang. Em um caso

(Hikvision), a BlackRock aumentou seu nível de investimento após a colocação da empresa na lista negra.

Investimentos na Índia

A empresa mantém um fundo dedicado à Índia, através do qual investe em empresas iniciantes indianas como Byju's, Paytm, e Pine Labs. A partir do final de 2021, ela está reduzindo seu investimento na Índia enquanto aumenta o investimento na China.

Percepção pública de Blackrock

Em sua carta anual de 2018 aos acionistas, Larry Fink, CEO da BlackRock, escreveu que outros CEOs deveriam estar cientes de seu impacto na sociedade. Organizações anti-guerra se opuseram à declaração de Fink, dado que a BlackRock é o maior investidor em fabricantes de armas através de sua iShares U.S. Aerospace and Defense ETF. Em maio de 2018, as organizações anti-guerra realizaram uma manifestação fora da reunião anual de acionistas da BlackRock em Manhattan, Nova York.

A empresa também tem sido criticada em relação à inação da mudança climática e ao desmatamento na Amazônia.
28

Segundo *The New Republic*, a BlackRock "posicionou-se como o bom da Wall Street, e seus executivos como uma equipe de gerentes de dinheiro de bom senso que compreendem os riscos da crise climática e a importância da diversidade". Mas esses compromissos, dizem os críticos, só se estendem até agora às operações do dia-a-dia da empresa".

Devido a seu poder e ao tamanho e escopo de seus ativos e atividades financeiras, a BlackRock tem sido chamada de o maior banco sombra do mundo. Em 2020, os representantes americanos Katie Porter e Jesús "Chuy" García propuseram um projeto de lei da Câmara dos Estados Unidos com o objetivo de restringir a BlackRock e outros bancos chamados de bancos-sombra. Em 4 de março de 2021, a senadora americana Elizabeth Warren sugeriu que o BlackRock fosse designado "grande demais para falhar", e que fosse regulamentado de acordo.

A BlackRock foi escrutinada por supostamente tirar proveito de seus estreitos laços com o Sistema da Reserva Federal durante os esforços de resposta à pandemia da COVID-19. Em junho de 2020, *a Nova República* escreveu que a BlackRock "estava tendo uma pandemia muito boa" e estava se lançando "como socialmente responsável ao mesmo tempo em que contribuía para a catástrofe climática, fugindo do escrutínio regulatório e tentando influenciar [um potencial] administração Biden". O *Financial Times* descreveu a BlackRock tendo assegurado um papel de consultoria proeminente no programa de compra de ativos pós-COVID do Fed, suscitando preocupações sobre se a BlackRock usaria sua influência para encorajar o Fed a comprar produtos BlackRock; durante o programa de flexibilização quantitativa do Fed para 2020, o título corporativo da BlackRock ETF recebeu US$ 4,3 bilhões em novos investimentos, em comparação com os respectivos US$ 33 milhões e US$ 15 milhões recebidos pelos concorrentes da BlackRock Vanguard Group e State Street.

Pessoas-chave

A partir de 2021, Blackrock tinha um conselho de administração de dezoito pessoas. Eles eram:

- Larry Fink - fundador, presidente e CEO
- Bader M. Alsaad

- Pamela Daley
- Jessica P. Einhorn
- Beth Ford
- William E. Ford
- Fabrizio Freda
- Murry S. Gerber
- Margaret "Peggy" L. Johnson
- Robert S. Kapito - fundador e co-presidente
- Moinhos de Cheryl D.
- Gordon M. Nixon
- Kristin Peck
- Charles H. Robbins
- Carlos Slim Domit
- Hans V. Vestberg
- Susan Wagner - fundadora, membro do conselho
- Mark Wilson

Entre as pessoas que já fizeram parte do conselho de administração da Blackrock, estão

- Brian Deese - ex-Chefe Global de Investimentos Sustentáveis
- Blake Grossman, ex-vice-presidente

Larry Fink

Laurence Douglas Fink (nascido em 2 de novembro de 1952) é um empresário bilionário americano. Ele é o atual presidente e CEO da BlackRock, uma corporação multinacional americana de gestão de investimentos. BlackRock é a maior empresa de administração de dinheiro do mundo com mais de US$10 trilhões em ativos sob gestão, dando à empresa enorme poder sobre o sistema financeiro global. Em abril de 2022, o patrimônio líquido da Fink foi estimado em US$1 bilhão, segundo a revista Forbes. Ele faz parte dos conselhos do Conselho de Relações Exteriores e do Fórum Econômico Mundial.

Vida e educação precoces

O Fink nasceu em 2 de novembro de 1952. Ele cresceu como um dos três filhos de uma família judia em Van Nuys, Califórnia, onde sua mãe Lila (1930-2012) era professora de inglês e seu pai Frederick (1925-2013) era dono de uma sapataria. Ele se formou em Ciência Política pela UCLA em 1974. Fink também é membro da Kappa Beta Phi. Ele então recebeu um MBA em Imóveis na

UCLA Anderson Graduate School of Management em
1976.

1970 a 2000

Fink começou sua carreira em 1976 no First Boston, um
banco de investimentos sediado em Nova York, onde foi
um dos primeiros comerciantes de títulos garantidos por
hipotecas e acabou administrando o departamento de
títulos da empresa. Na First Boston, Fink foi membro do
comitê de administração, diretor administrativo e co-diretor
da Divisão de Renda Fixa Tributável; ele também iniciou o
Departamento de Futuros Financeiros e Opções e dirigiu o
Grupo de Hipotecas e Produtos Imobiliários.

Fink acrescentou "por algumas estimativas" $1 bilhão de
dólares ao resultado final de First Boston. Ele foi bem-
sucedido no banco até 1986, quando seu departamento
perdeu US$ 100 milhões devido a sua previsão incorreta
sobre as taxas de juros. A experiência influenciou sua
decisão de fundar uma empresa que investiria o dinheiro
dos clientes, ao mesmo tempo em que incorporava uma
gestão de risco abrangente.

Em 1988, sob o guarda-chuva corporativo do The Blackstone Group, Fink co-fundou a BlackRock e tornou-se seu diretor e CEO. Quando a BlackRock se separou da Blackstone em 1994, Fink manteve seus cargos, os quais ele continuou a manter após a BlackRock se tornar mais independente em 1998. Suas outras posições na empresa incluíram presidente do conselho, presidente dos comitês executivo e de liderança, presidente do conselho corporativo, e co-presidente do comitê global de clientes. A BlackRock abriu seu capital em 1999.

2000s

Em 2003, Fink ajudou a negociar a demissão do CEO da Bolsa de Valores de Nova Iorque, Richard Grasso, que foi amplamente criticado por seu pacote salarial de US$190 milhões. Em 2006, Fink liderou a fusão com a Merrill Lynch Investment Managers, que dobrou a carteira de gestão de ativos da BlackRock. Nesse mesmo ano, a compra pela BlackRock de $5,4 bilhões da Stuyvesant Town-Peter Cooper Village, um complexo habitacional de Manhattan, tornou-se o maior negócio residencial-imobiliário da história dos Estados Unidos. Quando o projeto terminou em default, os clientes da BlackRock

perderam seu dinheiro, incluindo o Sistema de
Aposentadoria e Pensões da Califórnia, que perdeu cerca
de $500 milhões.

O governo dos Estados Unidos contratou a BlackRock
para ajudar na limpeza após o derretimento financeiro de
2008. As relações de longa data do Fink com altos
funcionários do governo levaram a perguntas sobre
possíveis conflitos de interesse em relação a contratos
governamentais adjudicados sem licitação competitiva. O
contrato da BlackRock permitiu à Fink cultivar
relacionamentos com o primeiro Secretário do Tesouro de
Obama, Tim Geithner, e membros adicionais da equipe de
recuperação econômica de Obama. Em 2016, Fink
esperava fazer parte do próprio governo federal como
Secretário da Fazenda de Hillary Clinton. Ao mesmo
tempo, Blackrock contratou muitos ex-integrantes do
Poder Executivo para sua firma, incluindo Cheryl Mills,
Christopher Meade, Katheryn Rosen, Michael Pyle,
Coryann Stefansson, Gary Reeder e Ken Wilson. Este
movimento fortaleceu a porta giratória da BlackRock com
o governo federal.

Em dezembro de 2009, a BlackRock comprou a Barclays Global Investors, quando a empresa se tornou a maior empresa de administração de dinheiro do mundo. Apesar de sua grande influência, Fink não é amplamente conhecido publicamente, além de suas aparições regulares na CNBC. A BlackRock pagou ao Fink $23,6 milhões em 2010, e $36 milhões em 2021. Em 2016, a BlackRock tinha US$ 5 trilhões sob gestão, com 12.000 funcionários em 27 países.

Em 2016, o Fink recebeu o Prêmio ABANA Achievement em Nova Iorque. Ele reconhece um indivíduo que exemplifica uma liderança excepcional em bancos e finanças e tem um compromisso com uma cooperação profissional positiva entre os EUA e o Oriente Médio e o Norte da África.

Em 2018, Fink ficou em 28º lugar na lista da *Forbes* das Pessoas Mais Poderosas do Mundo.

Durante a pandemia do coronavírus de 2020, o Fed recorreu à BlackRock para ajudá-la a comprar títulos em dificuldades em um eco de 2008.

Participação da comunidade

Fink faz parte do conselho de curadores da Universidade de Nova York, onde exerce várias presidências, incluindo a presidência do Comitê de Assuntos Financeiros. Ele também co-preside o conselho de curadores do NYU Langone Medical Center e é curador do Boys and Girls Club of New York. Fink também faz parte do conselho da Fundação Robin Hood. Fink fundou o Lori e Laurence Fink Center for Finance & Investments na UCLA Anderson em 2009, e atualmente atua como presidente do conselho.

Em dezembro de 2016, o Fink juntou-se a um fórum de negócios reunido pelo então presidente eleito Donald Trump para fornecer conselhos estratégicos e políticos sobre questões econômicas.

Em sua carta aberta anual de 2018 aos CEOs, ele pediu que as corporações desempenhassem um papel ativo na melhoria do meio ambiente, trabalhando para melhorar suas comunidades e aumentando a diversidade de suas forças de trabalho. Isto foi tomado como evidência de um movimento da BlackRock, um dos maiores investidores públicos, para impor proativamente estas metas. Em sua carta aberta de 2019, Fink disse que as empresas e seus CEOs devem entrar em um vácuo de liderança para lidar com questões sociais e políticas quando os governos não conseguem lidar com essas questões.

Após o assassinato de Jamal Khashoggi em outubro de 2018, Fink cancelou os planos para participar de uma conferência de investimento na Arábia Saudita.

Em sua carta aberta anual de 2020, Fink anunciou a sustentabilidade ambiental como meta central para as futuras decisões de investimento da BlackRock. Nesta carta, ele explicou como o clima se tornará um motor na economia, afetando todos os aspectos da economia. Ele também divulgou em uma carta separada (para investidores) que a BlackRock estará cortando laços com investimentos anteriores envolvendo carvão térmico e outros investimentos que têm um grande risco ambiental.

Larry Fink também é doador e apoiador de longa data da New York City Police Foundation: um grupo que fornece apoio financeiro ao Departamento de Polícia de Nova York. A Cor da Mudança sem fins lucrativos pediu ao Fink que se desvinculasse da Fundação da Polícia de Nova York, após o assassinato de George Floyd e os subsequentes protestos em todo o país.

Vida pessoal

Fink é casado com sua esposa Lori, sua namorada do ensino médio, desde 1974. O casal tem três filhos. Joshua, seu filho mais velho, foi CEO da Enso Capital, um fundo de hedge agora extinto no qual Fink tinha uma participação. Os Fink possuem casas em Manhattan, North Salem, Nova York, e Vail, Colorado.

O Fink é um apoiador vitalício do Partido Democrata.

Percepção pública

Em sua carta anual de 2018 aos acionistas, Fink declarou que outras empresas deveriam estar cientes de seu impacto na sociedade; entretanto, as organizações antiguerra ficaram descontentes com a declaração de Fink porque sua empresa, a BlackRock, é a maior investidora em fabricantes de armas através de sua ETF Aeroespacial e de Defesa dos EUA. Em setembro de 2018, um ativista com a organização sem fins lucrativos norte-americana Code Pink confrontou Fink no palco no Yahoo Finance All Markets Summit.

Mudança climática

39

Em dezembro de 2021, a BlackRock se uniu a um gerente de ativos saudita para pagar US$ 15,5 bilhões para comprar e depois alugar oleodutos de volta para a Saudi Aramco.

No entanto, Fink tem sido amplamente explícito em relação às empresas que tomam medidas sobre a mudança climática, e em uma carta aberta em 2022 declarou "Cada empresa e cada indústria será transformada pela transição para um mundo net-zero". A questão é: você vai liderar, ou será liderado?".

Em 2022, Fink foi nomeado um dos maiores "vilões climáticos" dos EUA pelo *The Guardian* devido ao BlackRock lucrar com o desmatamento.

Honras

- 2007, Prêmio Prato de Ouro da Academia Americana de Conquistas
- 2015, Prêmio Apelo da Consciência
- 2015, Medalha de Ouro da Sociedade Americana
- 2016, Medalha UCLA
- 2019, Prêmio Charles Schwab de Inovação Financeira

Robert S. Kapito

Robert Steven Kapito (nascido em 8 de fevereiro de 1957) é um homem de negócios e investidor americano. Ele é fundador e presidente da empresa de gestão de investimentos BlackRock, com sede na cidade de Nova York.

Vida e educação precoces

O Kapito é de ascendência judaica. Ele obteve um MBA pela Harvard Business School em Cambridge, Massachusetts (HBS) em 1983 após concluir um Bacharelado em Economia pela Wharton School da Universidade da Pensilvânia. Kapito conheceu sua esposa Ellen quando ela era estudante da Escola de Enfermagem da Universidade da Pensilvânia.

A carreira de Kapito

Kapito entrou na First Boston em 1979 depois de se formar na Wharton e começou no Departamento de Finanças Públicas. Ele foi contratado por Larry Fink para trabalhar na First Boston, onde eles foram fundamentais para o pioneirismo do mercado de segurança lastreado em hipotecas nos Estados Unidos.

Kapito deixou a First Boston para completar seu MBA e retornou à firma em 1983 no Grupo de Produtos Hipotecários. Em 1988, Kapito deixou a First Boston junto com Fink e fundou a BlackRock sob o guarda-chuva da empresa de private equity Blackstone Group como sócios. Kapito trabalhou de perto com a Fink na BlackRock, onde ele desenvolveu uma reputação como um apoiador agressivo e leal da Fink.

Em 2022, ele alertou sobre a escassez de produtos e disse que "uma geração com muito direito que nunca teve que se sacrificar" estava passando pela primeira vez pela inflação.

Kapito atua como membro do conselho de administração da Wharton School da Universidade da Pensilvânia e como membro de uma Faculdade de Educação Executiva da Harvard Kennedy School. Ele também é presidente do conselho diretor do Hope & Heroes Children's Cancer Fund e presidente do conselho diretor do Periwinkle

Theatre for Youth, uma organização nacional sem fins lucrativos de artes-em-educação.

Em 2012, ele recebeu o Prêmio Gustave L. Levy da United Jewish Appeal Federation of New York por suas doações.

Kapito está agendado para falar na Cúpula Global de Investimentos de Líderes Financeiros de novembro de 2022, com o Conselho Democrático de Hong Kong alegando que sua presença, juntamente com outros executivos financeiros, legitima a lavagem branca do governo de Hong Kong da erosão das liberdades na cidade. Vários membros do Congresso também alertaram que os executivos financeiros dos EUA não deveriam participar da Cúpula, dizendo que "sua presença serve apenas para legitimar o rápido desmantelamento da autonomia de Hong Kong, da imprensa livre e do Estado de Direito por parte das autoridades de Hong Kong agindo em conjunto com o Partido Comunista Chinês".

45

Susan Lynne Wagner

Susan Lynne Wagner (nascida em 1961) é uma executiva financeira americana. Wagner é um dos co-fundadores da BlackRock, uma corporação multinacional americana de gestão de investimentos, e serviu lá nas funções de vice-presidente e diretor de operações. A BlackRock é a maior empresa de gestão de ativos do mundo, com US$ 8,67 trilhões em ativos sob gestão em maio de 2021.

Em 2011, ela foi nomeada para duas listas de mulheres poderosas: "Most Powerful Women in New York 2011" e "50 Most Powerful Women in Business (2011)".

Vida e educação precoces

Wagner nasceu em 1961, em Chicago, de uma família judia. Ela se formou em 1982 com honras pelo Wellesley College com bacharelado em inglês e economia, e depois obteve um MBA em finanças pela Universidade de Chicago em 1984.

A carreira de Wagner

Após ganhar seu MBA, Wagner ingressou na unidade de banco de investimentos da Lehman Brothers em Nova York. Durante seus anos na Lehman, trabalhou em fusões e aquisições, produtos de renda fixa e aquisições estratégicas. Em 1988, Wagner e Ralph Schlosstein deixaram a Lehman para ingressar no Blackstone Financial Group. Mais tarde, o Blackstone Financial Group mudou seu nome para BlackRock.

Como um dos fundadores da BlackRock, Wagner atuou como vice-presidente e chefe de operações. Ela orquestrou as fusões e aquisições da BlackRock, que incluíram a Quellos, Merrill Lynch Investment Management, e Barclays Global Investors. Antes de se aposentar da BlackRock em 2012, Wagner expandiu a empresa para a Ásia, o Oriente Médio e o Brasil. Desde que se aposentou da BlackRock, ela faz parte do conselho de administração da BlackRock, além de ser diretora e membro do conselho de curadores da Escola Hackley.

Em maio de 2014, Wagner foi convidado pela classe de Wellesley de 2014 para entregar o endereço de início.

Em julho de 2014, Wagner foi nomeado para a diretoria da
Apple Inc., substituindo o membro de longa data da
diretoria William Campbell. Wagner foi a segunda mulher
no conselho de oito membros da Apple e a única diretora
com formação em finanças. Em 2014, ela também foi
eleita para o conselho de administração da Swiss Re.